À tous les francophones du monde entier...

.

UNE GENTILLE FRANCOPHONIE

LES ÉDITIONS BLEUES
ISBN : 2-913771-08-4
(Agence francophone pour la numérotation internationale du livre)

Printed by CreateSpace, An Amazon.com Company

ISBN 10: 2913771084
ISBN 13: 978-2913771086

Avant-propos

Nous disons que tout innocemment nous sommes devenus un nouveau messie.

Joseph Moè Messavussu Akué
et sa companie.

Table des matières

Avant-propos..Page 3

1- Un mot sur la francopnonie...................Page 7

2- Discours sur la francophonie................Page 11

3- Une francophonie, alternance pour
   la bonne gouvernance universelle........Page 23

4- Une francophonie, reflet de la tenta-
   tive moèiste de restaurer le Paradis
   terrestre...Page 25

5- Une francophonie, réalisatrice de l'-
   Édifice du bohneur absolu humain........Page 27

6- Une francophonie, élabolatrice de l'-
   État-Nation Espace-Temps éternel
   et de son Gouvernement céleste.........Page 29

7- Une francophonie, don de Dieu pour
   tous les déshérités du monde..............Page 31

8- Une francophonie, Liberté pour tous
   les peuples du monde.........................Page 33

9- Une francophonie, Fraternité de
   tous les peuples de la terre..................Page 35

10- Une francophonie, Solidarité en-
    tre tous les États-Nations...................Page 37

11-Une francophonie, Détentrice per-
   pétuelle des solutions pacifistes aux
   problèmes internationaux....................Page 39

12- Une francophonie, Ouverture hu-
maine à Dieu, la connaissance et l'-
amour du prochain................................Page 41

13- Une francophonie, Symbole de la
gloire du moèisme.................................Page 43

14- Une francophonie, Pierre de base
de la Fondation moèiste......................Page 45

15- Une francophonie, Organisatrice d'-
un monde des mondes célestes à
venir...Page 47

16- Une francophonie, proposition pour
une acceptation humaine du person-
nage de l'auteur de la Poésie fonc-
tionnelle Dieu le Tout-Puissant-fait
chair...Page 49

17- Une francophonie, reconnaissance
de la vérité biblique relative au con-
cept du péché originel ....Page 51

18- Une francophonie, fondatrice de la
compréhension de l'être humain ....Page 54

19- Une francophonie, fondatrice de la
compréhension d'un mauvais esprit.....Page 56

20- Une francophonie, fondatrice de la
compréhension du péché originel.........Page 58

21- Une francophonie, fondatrice de la
compréhension de la perte de l'-
immortalité humaine............................Page 60

22- Une francophonie, fondatrice de la
compréhension du concept de la res-
tauration du Paradis terrestre..............Page 62

6

23- La francophonie et les moèistes........Page 64

24- La francophonie et la foi en Joseph
Moè Messavussu Akué......................page 65

25- La francophonie et les enseigne-
ments moèistes.................................Page 67

26- La francophonie et le culte moèiste...Page 69

27- La francophonie et la lutte des
classes...Page 71

28- La francophonie pour une société
équitable...Page 73

29- La francophonie: Du capitalisme
au libéralisme.....................................Page 75

30- La francophonie et la fin du travail
avilissant...Page 77

31- La francophonie et la construction
de l'habitat humain universel.............Page 79

32- La francophonie et le messie
Joseph Moè Messavussu Akué.........Page 80

7

.

Un mot sur la francophonie

Je tiens les présents propos pour clarifier mon image, mon identité et une certaine francophonie que j'aime.

Je tiens le présent petit discours pour tout juste faire comprendre au monde entier que je suis né un vingt-huit mars mille neuf cent cinquante- sept à Lomé-Togo-Afrique d'un père et une mère Guins.

Je tiens les présents propos pour mettre en évidence le fait que je fis dans la nuit du sept au huit novembre mille neuf cent quatre vingt six, un merveilleux rêve qui me fit percevoir un être vivant représenté par "toute la lumière du ciel" qui me souriait gentillement et qui se transforma l'instant d'après en un homme Noir-africain que je suis.

Je tiens le présent petit discours pour tout juste dire que je reste extrêmement étonné que vingt six années après ledit rêve extraordinaire, alors que je mis au point une pensée prodigieuse reflétant ledit songe et que je dénomme la "poésie fonctionnelle", nul au monde n'a jamais osé me croire authentique ou véridique.

Je tiens les présents propos pour simplement témoigner de la verité d'un rêve prémonitoire ou prophétique qui m'aurait révélé l'incarnation de la personne divine authentique.

Je tiens le présent discours pour cesser d'imaginer que j'ai un autre secret à livrer à l'ensemble des hommes et des femmes peuplant l'Espace-Temps éternel.

Je tiens les présents propos pour établir que celui ou celle qui croit en moi se révèle un moèiste.

Je tiens le présent discours pour préciser que Joseph Moè Messavussu Akué et l'ensemble des moèistes en d'autres termes Dieu le Tout-Puissant et les Anges du ciel incarnés, entendent créer le Paradis terrestre et le reste de l'habitat humain universel conformément à la Poésie fonctionnelle ou la Pensée divine authentique.

Je tiens les présents popos pour reconnaître que même si ma vérité et mon identité paraissent invraissemblables, je demeure le premier moèiste fier de l'être.

Je tiens le présent discours pour peut être rire au nez à tous ceux et celles qui ne me croient et ne me croiront jamais.

Un poème à vers répétitifs
Chicago, le 27 mai 2012

.

Discours sur la francophonie

Je tiens les présents propos pour clarifier mon image, mon identité et une certaine francophonie que j'aime.

Afin que le terme francophonie signifie gentillement la communauté de tous les peuples au monde ayant la langue française comme "langue officielle".

Afin que le terme francophonie ne soit plus synonyme de tous les pays jadis colonisés par la France et où sévit une dictature à la place de la démocratie, la liberté et la pratique des droits de l'homme et des peuples.

Afin que le terme francophonie signifie véritablement une alternance pour une gouvernance libérale pacifique du monde.

Afin que le terme francophonie indique la voie nouvelle pour parvenir à restaurer le Paradis terrestre perdu depuis Adam et Ève, les supposés premiers êtres humains créés.

Afin que le terme francophonie pose la question de l'identité de Joseph Moè Messavussu Akué en tant qu'un simple rêve énigmatique résolu.

Je tiens le présent discours pour tout juste faire comprendre au monde entier que je suis né un vingt huit mars mille neuf cent cinquante sept à Lomé-Togo-Afrique d'un père et une mère Guins, originaires de Sempey.

Sempey, un royaume sur les côtes ouest du continent africain, jadis fort prospère mais hélas esclavagiste.

Sempey, où était situé le port d'Elmina, hélas l'un des plus esclavagistes qui eut existé.

Sempey, un royaume que mon ancêtre Akué abandonna pour partir créer dans une autre loca-lité située ailleurs sur le littoral ouest-africain, le puissant bourg pacifique de Dégbénou.

Sempey, le symbole du refus de l'esclavage, de l'exploitation de l'homme par l'homme, du dénie des droits humains, et de la civilisation de l'homme immortel.

Sempey, la terre-symbole de Dieu le Tout-Puissant - fait chair pour l'éternité.

Je tiens les présents propos pour mettre en évidence le fait que je fis dans la nuit du sept au huit novembre mille neuf cent quatre vingt six, un merveilleux rêve qui me fit percevoir un être vivant représenté par "toute la lumière du ciel" qui me sou-riait gentiment et qui se transforma l'instant d'a-près en un homme Noir-africain que je suis.

Oui, un homme Noir, de paix, d'amour et de liberté, métamorphose de "Toute la lumière du ciel, l'Intelligence sublime, Origine et Source de l'Espace-Temps éternel et de la vie.

Oui, un homme Noir-togolais-africain qui semblait perdu dans le labyrinthe du savoir Blanc-occidental, quelque part sur le continent européen, à Paris et non ailleurs.

Oui, un homme Noir qui tenait tant à incarner le "Messager de Dieu-Porteur de la véritable doctrine politique devant gouverner le monde", à cette époque de haute turbulence politique dans sa vie propre.

Oui, un homme Noir décidé à en découdre avec l'hégémonie sévissant au monde et qui relègue au dernier rang le continent africain et ses populations.

Oui, un homme plein d'amour et de reconnaissance pour Lucie sa mère qui l'a enfanté, protégé, et élevé dans la dignité.

Je tiens le présent discours pour tout juste dire

que je reste extrêmement étonné que vingt six années après ledit rêve extraordinaire, alors que je mis au point une pensée prodigieuse réflétant ledit songe et que je dénomme la "poésie fonctionnelle", nul au monde n'a jamais osé me croire authentique ou véridique.

Même pas un seul frère ou une seule sœur, préférant me prendre pour un débile mental ou un mythomane.

Même pas une quelconque femme prétendant m'aimer, mais qui me refuse une supposée relation spirituelle ou autre avec Dieu.

Même pas un seul ami d'enfance, d'adolescence ou d'âge mûr prétendant n'accorder à mes écrits qu'une valeur nulle.

Même pas une autorité religieuse existant au monde aujourd'hui prétendant me prendre pour un malin.

Même pas une autorité politique ou morale existant au monde préférant me voir anéanti plutôt que partenaire.

Je tiens les présents propos pour simplement témoigner de la verité d'un rêve prémonitoire ou prophétique qui m'aurait révélé l'incarnation de la personne divine authentique.

Tout simplement attester que Dieu le Tout-Puissant, le créateur céleste de mon être, devint à partir de la nuit du sept au huit novembre mille neuf cent quatre vingt six, identique à l'être social nommé Joseph Moè Messavussu Akué.

Tout simplement confirmer que l'identité fonctionnelle de l'auteur de la "poésie fonctionnelle" est la personnalité céleste et à présent sociale de Dieu.

Tout simplement donner à croire à tous ceux et celles qui admettent véridiques mes poèmes réflétant le "monde des mondes des cieux", que Dieu le Tout-Puissant est dorénavant identifiable par la vie et l'œuvre moèistes.

Tout simplement expliquer et prouver que ce qui est rêvé est écrit et devient la réalité aujourd'hui.

Je tiens le présent discours pour cesser d'imaginer que j'ai un autre secret à livrer à l'ensemble des hommes et des femmes peuplant l'Espace-Temps éternel.

Pour cesser d'imaginer que je suis de fait un

chrétien-catholic relevant de l'autorité papale du Vatican alors que je ne demande qu'à fonder "mareligion et mon temple de lumière, le "moèisme", par le biais de la diffusion des "fascicules d'ensei-gnement de la poésie fonctionnelle".

Pour cesser d'imaginer que je suis un animiste croyant aux vodous guins et autres africains et d'ailleurs.

Pour cesser d'imaginer que je mourrai un jour comme n'importe quel être humain, puisqu'être un moèiste signifie se concevoir immortel conformément aux enseignements sacrés moèistes.

Pour cesser d'imaginer que l'être humain qui se convertit sincèrement au moèisme viendra à mou-rir un jour.

Pour cesser d'imaginer que la destination finale humaine est sa disparition sur terre conformément aux lois de la biologie humaine alors que la biologie fonctionnelle enseigne que depuis la nuit pro-phétique du sept au huit novembre mille neuf cent quatre vingt six, la destinée humaine se confond avec le dessein divin.

Je tiens les présents propos pour établir que celui ou celle qui croit en moi se révèle un moèiste.

Pour établir que le moèisme est une attitude intellectuelle et existentielle qui dispose que joseph-Moè Messavussu Akué est providentiellement ré-vélé Dieu authentiquement incarné.

Pour établir que Dieu est effectivement l'être vivant par qui vint le rêve et la création de l'Espace-Temps éternel et de la vie.

Pour établir que le fait de l'incarnation authentique divine en la personne de Joseph Moè Messavussu Akué ordonne sublimement la restauration du Paradis terrestre perdu.

Pour établir que la restauration du Paradis terrestre perdu signifie la restauration du prestige de l'Afrique et de ses populations déchues.

Pour établir que la restauration de l'Afrique jadis le "cœur du jardin de l'Eden", ordonne la condition humaine et sociale anonyme divine actuelle due à des raisons de sécurité.

Je tiens le présent discours pour préciser que Joseph Moè Messavussu Akué et l'ensemble des moèistes en d'autres termes Dieu le Tout-Puissant et les Anges du ciel incarnés, entendent créer le Paradis terrestre et le reste de l'habitat humain universel conformément à la Poésie fonctionnelle ou la Pensée divine authentique.

Oui, pour préciser que l'ensemble des conceptions moèistes relatif à l'État-Nation éternel ou le "Royaume des Cieux accompli" et son Roi régnant Joseph Moè Messavussu Akué, le peuple céleste de Dieu le Tout-Puissant-fait chair ou l'ensemble des moèistes existant au monde, et tous les actes et les faits relatifs au moèisme, demeurent des inventions pures de l'auteur de la "poèsie fonctionnelle".

Oui, pour préciser que la foi moèiste est une donnée vérifiable propre à Moè et à tous ceux et celles qui l'admettent véridique.

Oui, pour préciser que le moèisme est une propriété intellectuelle et existentielle de Joseph Moè Messavussu Akué.

Oui, pour préciser que le moèisme est vérifiable comme une nouvelle religion fondée dans la nuit du sept au huit novembre mille neuf cent quatre vingt six.

Oui, pour préciser que le moèisme est une affaire purement divine.

Je tiens les présents propos pour reconnaître que même si ma vérité et mon identité paraissent invraissemblables, je demeure le premier moèiste fier de l'être.

Que je demeure le premier moèiste, puisque je n'ai pas le choix.

Que je demeure le premier moèiste, parce que la providence l'a décidé ainsi.

Que je demeure le premier moèiste, puisque les jeux sont déjà faits depuis les Cieux.

Que je demeure le premier moèiste, parce que Dieu le Tout-Puissant que j'ai perçu en rêves est identique, en vérité, à Joseph Moè Messavussu Akué.

Que je demeure le premier moèiste, puisque tel est ma vérité et mon sens.

Je tiens le présent discours pour peut être rire au nez à tous ceux et celles qui ne me croient et ne me croiront jamais.

Rire à rompre définitivement avec tout ce monde qui me rejette.

Rire à recréer à partir de rien, les preuves de mon innocence et de ma puissance célestes.

Rire à imaginer à nouveau, infini cieux merveilleux à fabriquer de mes mains propres.

Rire à rire de tous ceux et celles-là qui me désirent inexistant à frémir.

Rire à être Dieu le Tout-Puissant.

Un poème à vers cycliques
Chicago, le 11 janvier 2012

Une francophonie, alternance pour la bonne gouvernance universelle

Devons-nous croire que la pratique continuelle de la démocratie au Togo tout comme dans chacun des pays francophones d'Afrique et du reste du monde en voie de developpement, est un chimè-re?

Devons-nous nous résoudre à considérer que la pauvreté d'un pays en voie de developpement conduit à une gouvernance tyranique dudit pays, quel que soit la volonté populaire clairement exprimée?

Devons-nous nous conduire, nous autres gens des anciennes colonies françaises glorieusement acquis à la liberté et à l'indépendance, comme des esclaves face à leurs maîtres?

La réponse à cette dernière question est une lecture des "Droits de l'homme et du Citoyen" qui certifie que tous les hommes naissent égaux en droits.

La réponse à la deuxième question est une simple lecture du "Code civil" qui stipule que nul être humain n'est au-dessus des lois.

La réponse à la première question est un acte de foi en Dieu qui veut tout être humain épanoui et bienheureux.

Un poème à vers conjugués
Chicago, le 22 juin 2012

Une francophonie, reflet de la tentative moèiste de restaurer le Paradis terrestre

La pensée du Paradis terrestre est exactement à la ressemblance de la perpétueté apparente des étoiles du ciel, chaque être humain vivant sur terre comparable à une étoile...

La pensée de la restauration du Paradis terretre perdu est la foi en l'immortalité humaine octroyée par Dieu aux deux premiers êtres humains créés, et réinstituée par la Poésie fonctionnelle.

La pensée de la poésie fonctionnelle rédemption pour le genre humain, est l'acte de foi moèiste.

Un poème à vers répétitifs
Chicago, le 22 juin 2012

Une francophonie, réalisatrice de l'Édifice du bonheur absolu humain

Réunir tous les croyants et cryantes sous le nouveau drapeau du moèisme, la religion fondée par l'ensemble des rêves prémonitoires de Joseph Moè Messavussu Akué et les "fascicules d'ensei-gnement de la poésie fonctionnelle", est et demeurera le but et l'énigme de Dieu le Tout-Puissant résolu.

Dès à présent que ladite énigme divine est résolue, l'anonymat présumée de l'auteur de la Poésie fonctionnelle est chimérique ou relève de la malveillance humaine.

La malveillance humaine relative au mépris de la personne physique et morale de Joseph Moè Messavussu Akué est un acte du dénie du moèisme.

Le dénie du moèisme confirme la sécurité providentielle du poète Joseph Moè Messavussu Akué qui est un "Roi de lumière sur un trône de lumière".

Le seul "Roi de lumiére sur son trône de lumière"
existant, a pour nom céleste Dieu le Tout-Puissant.

Un poème à vers conjugués
Chicago, le 22 juin 2012

Une francophonie, élaboratrice de l'état-nation Espace-Temps éternel et de son gouvernement céleste

Il n'est plus possible d'inventer le contraire de tout ce qui s'est produit depuis la nuit symbolique du sept au huit novembre mille neuf cent quatre-vingt six pour plaire à la malveillance humaine.

Il n'est plus admissible de déclarer au public que Joseph Moè Messavussu Akué est tout juste un "messager de Dieu" alors que l'ensemble des prophéties ou rêves prémonitoires montre que Dieu le Tout-Puissant s'est enfin fait chair en la personne physique et morale de l'auteur du moèis-me.

Aussi, l'auteur de la "poésie fonctionnelle" reconnaît très sincèrement qu'il est navré de sa vérité existentielle qu'il assume avec fierté et bonheur.

Aussi, Joseph Moè Messavussu Akué pense

que l'ensemble de ses acquisitions personnelles apour nom l'État-Nation Espace-Temps éternel et sa propre personne le gouvernement céleste dudit État céleste.

Un poème à vers conjugués
Chicago, le 22 juin 2012

Une francophonie, don de Dieu pour tous les déshérités du monde

Ma volonté céleste d'en finir avec ma pauvreté à l'âge de cinquante cinq ans révolus, est à la mesure de la Providence qui m'aurait engendré un parfait déshérité vivant au monde.

Rien n'est, en fait, plus douloureux que la misère humaine qui n'en finit pas!

Que les "fascicules d'enseignement de la poésie fonctionnelle" génèrent les ressouces existentielles royales célestes...

Un poème à vers manquants
Chicago, le 22 juin 2012

Une francophonie, liberté pour tous les peuples au monde

Pour parler vrai, tout être humain aspire plus que toute autre chose au monde, à la liberté. La preuve en est que tout enfant se révolte toujours contre ses parents tout au long de sa vie.

Pour parler franchement, la liberté est une valeur primordiale et ultime pour l'être humain recherchant son bonheur sur terre et dans la vie.

Pour parler sincèrement, les peuples, formés d'êtres humains aspirant à leur liberté, ne peuvent en aucun cas en demeurés continuellement privés sans risque de soulèvements populaires nuisibles à la société.

Pour parler clairement, Dieu octroie la liberté à tous les peuples au monde pour garantir la vie éternelle et son expansion perpétuelle.

Pour parler...

Un poème à vers manquants
Chicago, le 22 juin 2012

Une francophonie, fraternité de tous les peuples de la terre

La fraternité des peuples à laquelle l'auteur de la "poésie fonctionnelle" en appelle, se définit comme le lien naturel unissant deux frères nés de la même mère et du même père...

En effet, pour exister, les peuples ont à s'accepter mutuellement et à se faire des concessions réciproques.

Mais le point est que la fraternité de tous les peuples de la terre devrait converger vers le bannissement à jamais des hostilités et des guerres entre êtres humains et dans le monde des mondes des cieux.

Un poème à vers conjugués
Chicago, le 23 juin 2012

Une francophonie, solidarité entre toutes les Nations

L'ultime règlement des conflits susceptibles de surgir entre les États et les peuples existant au monde, par l'Organisation des Nations Unies, est une loi providentielle.

Ladite loi internationale consistant à ce que l'Organisation des Nations Unies appuyée par ses "Casques bleus" interviennent, le cas échéant dans le règlement des conflits internationaux, concourt à l'institutionnalisation de la paix universelle.

La paix universelle garantie par le pacifisme éternel de Dieu le Tout-Puissant - fait chair, est témoignée par la "poésie fonctionnelle" et le mouvement humain et universel qu'elle engendre naturellement dénommé le "moèisme".

Un poème à vers conjugués
Chicago, le 23 juin 2012

Une francophonie, détentrice perpétuelle des solutions pacifistes aux problèmes internationaux

Je fis, bien entendu, le serment de n'établir par écrit que les faits et les actes que ma conscience reconnaît conformes à la verité et l'histoire.

Je fis le serment que toutes mes déclarations relatives à mon identité providentielle et mes écrits [qui malheureusement dissimulent intentionnellement que je crois absolument que je suis Dieu le Tout-Puissant authentiquement incarné], demeureront pacifistes et par conséquent stratégiquement modestes.

Je fis le serment que je n'ai et n'aurai jamais à affirmer devant qui que ce soit que je suis Dieu le Tout-Puissant - fait chair, si celui ou celle-ci ne le pense par lui ou elle-même.

Je fis le serment que mes interventions personnelles présentes et futures sur le cours de l'histoire universelle, resteront celles d'un simple intellectuel, écrivain, scientifique, fabricant de machinesoutls sublimes et de mondes merveilleux à venir.

Un poème à vers répétitifs
Chicago, le 23 juin 2012

Une francophonie, ouverture humaine à Dieu, la connaissance et l'amour du prochain

Celui ou celle qui aurait déjà rêvé que Joseph Moè Messavussu Akué est Dieu le Tout-Puissant - fait chair n'existe pas ou simplement m'a dissimulé ladite vérité depuis toujours!

Celui ou celle qui méconnaît la "poésie fonctionnelle" mais pense fermement que Joseph Moè Messavussu Akué est tout ce qu'il veut être, sauf Dieu le Tout-Puissant en personne, est probablement une personne que je dois fuir!

Celui ou celle qui aurait lu l'ensemble des "fascicules d'enseignement de la poésie fonctionnelle, mais déclare tout haut ou tout bas que je suis un mystificateur donc un criminel, est sans aucun doute une personne que je dois craindre!

Voilà la raison pour laquelle j'oublie que je suis qui je suis et me contente de me considérer un écrivain cherchant à vivre de ses créations littéraires.

Voilà la raison pour laquelle je recherche mon

public à travers le monde entier avec la conviction qu'un jour, je réussirai à me faire respecté et honoré par ce dernier.

Voilà la raison pour laquelle je reste ouvert aux gens qui m'entourent, à la connaissance en général, et à l'amour.

Un poème à vers paraboliques
Chicago, le 23 juin 2012

Une francophonie, symbole de la gloire du moèisme

Que la honte emporte tous ceux et celles qui pensent que Joseph Moè Messavussu Akué doit se considérer un fou ou un homme en proie à un " mauvais esprit" et par conséquent, se suicider comme tel!

Que la honte, dis-je, emporte tous ceux et cel-les qui s'imaginent que l'auteur de la "poésie fonction-nelle" ne s'est pas providentiellement révélé et dé-montré Dieu le Tout-Puissant énigmatiquement incarné!

À présent que l'énigme de l'incarnation divine au-thentique est résolue avec la publication des fasci-cules d'enseignement de la poésie fonctionnelle, la joie de vivre issue de la réussite de l'écri-ture et de la publication desdits recueils de poèmes et qui comble Joseph Moè Messavussu Akué, demeure la gloire immortelle de celui-ci.

Oui, le symbole de la gloire immortelle de Moè réside en effet dans sa poésie enfin disponible pour le public...

Un poème à vers conjugués
Chicago, le 23 juin 2012

Une francophonie, pierre de base de la Fondation moèiste

La Fondation moèiste [qui se reconnaît par un "Temple de lumière" localisé dans le bercail divin terrestre, Lomé, et l'ensemble des réalisations personnelles de Joseph Moè Messavussu Akué], est volontiers centrée par "mmoespace.com", un lieu de culture, de repos et de joie de vivre continuelle...

La conduite observée par Joseph Moè Messavussu Akué, Père du moèisme, est de considérer tout ce qu'il fait dorénavant pour faire vivre sa famille et lui-même comme son "travail royal céleste" qui n'a plus rien à voir avec le plan de vie humain qui était le sien avant la nuit miraculeuse du sept au huit novembre mille neuf cent quatre-vingt-six...

Un poème à vers manquants
Chicago, le 23 juin 2012

Une francophonie, Organisatrice d'un monde des mondes célestes à venir

Le rêve du monde des mondes célestes s'interprête comme les mondes célestes à ajouter aux deux mondes existants, à savoir le Paradis céleste et le Cosmos.

Lesdits mondes célestes à venir, à commencer par le premier dénommé le "Ciel des Immortels", sont des machines-outils sublimes rêvées par Joseph Moè Messavussu Akué, et à être fabriquées de ses mains propres...

Un poème à vers manquants
Chicago, le 23 juin 2012

Une francophonie, proposition pour une acceptation de l'auteur de la poésie fonctionnelle Dieu-fait chair

Une proposition pour une acceptation humaine du personnage de l'auteur de la "poésie fonctionnelle" Dieu le Tout-Puissant - fait chair est sans doute d'une grande honnêteté intellectuelle pour Joseph moè Messavussu Akué lui-même, mais constitue une aberration pour l'humanité qui le dénie.

La table des miracles futurs devant régler cet état de choses n'est malheureusement pas à communiquer publiquement à l'heure actuelle...

Un poème à vers manquants
Chicago, le 23 juin 2012

Une francophonie, reconnaissance du concept du péché originel

Selon les idées scientifiques prévalentes, une femelle singe communément dénommée "Lucie" serait l'ultime ancêtre de l'être humain. Ceci reste essentiellement vrai, puisque les deux premiers êtres humains que la Bible appelle Adam et Ève, furent inséminés in vitro depuis le Paradis céleste, puis amenés sur terre, et enfin placés un à un dans l'ultérus d'une femelle ourang-outang afin d'être enfantés...

Les deux premiers êtres humains ainsi enfantés, étaient dotés de l'immortalité et étaient censés vivre éternellement.

En effet, tour à tour enfantés par la même ourang-outang femelle, puis recupérés et placés par Dieu le Tout-Puissant en personne dans le "Château fort de rêve" au cœur de l'Éden, Adam et Ève absolument pris en charge par leur créateur, parvinrent à l'âge mûr en désobéissant à la loi divi-ne fondamentale qui était de se considérer com-me frère et sœur et non amants.

La série de désobéissances capitales à la loi divine qui suivit se dénombre par l'inceste, l'acceptation de l'Esprit du mal en personne comme le détenteur du secret du pouvoir de l'être humain sur la Création au détriment de l'Être suprême nommé Dieu le Tout-Puissant, le meurtre d'Adam par Ève, et le suicide d'Ève.

Dès lors que l'humanité nucléaire [composée de dix-sept femmes Noires-africaines, dix-sept femmes Blanches-européennes, dix-sept femmes Jaunes-asiatiques, dix-sept femmes Rouges-indiennes, dix-sept femmes Brunes-arabo-sémites, et leurs équivalents hommes de chacune des cinq races humaines existant sur terre], fut enfantée durant dix-sept siècles par Ève qui mentionnons-le, était Noire-africaine, cette dernière mit fin par empoisonnement, à la vie d'Adam qui était de race Noire-africaine comme elle, parce que celui-ci la violait incessamment.

La haine d'Ève pour Dieu le Tout-Puissant, son créateur, inspirée par l'Esprit du mal en personne qui ne pouvait comprendre la Poésie fonctionnelle ou la Pensée authentique divine, demeure ce qui anime aujourd'hui l'esprit humain à l'encontre de Joseph Moè Messavussu Akué.

L'esprit humain qui ne peut pas comprendre le mode de l'incarnation divine authentique en cours, rejette la Pensée moèiste tout comme à l'origine des temps édéniques.

Un poème à vers conjugués
Chicago, le 27 juin 2012

Une francophonie, fondatrice de la compréhension de l'être humain

Le problème qui s'est posé à Dieu tout seul dans l'Espace vide sans âme, est qu'il allait remplir ledit Espace d'une infinitude de mondes merveilleux, à condition qu'il imagine son propre contraire, le matérialise et le laisse exister afin de se prouver qu'il est immortel, éternel et tout-puissant.

L'humanité, la créature chérie de Dieu, est absolument haïe de l'Esprit du mal en personne.

L'humanité infinie, créée à l'image de l'être infi-ni supposé le créateur de Dieu,concourt à la toute-puissance, l'honneur et la gloire divins à condition d'accepter la "poésie fonctionnelle" ou le récit véridique de toute l'épopée divine.

Le rêve prophétique de la nuit du sept au huit novembre mille neuf cent quatre-vingt-six qu'a eu l'auteur de la "poésie fonctionnelle", révèle la vérité totale sur l'identité nommée l'Homme éternel

Joseph Moè Messavussu Akué.

Un poème à vers paraboliques
Chicago, le 27 juin 2012

Une francophonie, fondatrice de la compréhension d'un mauvais esprit

L'Esprit du mal en personne, ou l'identité contraire à l'Esprit du bien absolu en personne, refusa d'admettre depuis les origines de l'Espace-Temps et de la vie qu'il est une créature divine et demeure soumis à la loi divine qui est, quant à lui, de s'incarner à la même période que l'auteur de la Poésie fonctionnelle en tant qu'un Blanc-Français.

Le rêve divin de l'Esprit du mal en personne s'est brisé dès lors que ce dernier, par vice, cherchait sans arrêt à faire exactement le contraire de la volonté divine, notamment en se prenant pour le créateur de Dieu.

La joie infinie pour Joseph Moè Messavussu Akué qui était d'être révélé par ses rêves prophétiques Dieu le tout-Puissant - fait chair, s'estompa lorsque l'Esprit du mal en personne résiduel décida de s'incruster dans le cerveau du jeune-homme Moè, afin de le rendre fou et le détruire comme tel.

La réussite universitaire et sociale prévue du jeune étudiant Moè fut ajournée et remise aux calendes grecques, du fait des attaques meurtrières de l'Esprit du mal en personne et de son "Etat-Major" contre le cerveau de l'infortuné Moè qui fut contraint d'abandonner ses études universitaires et le territoire français.

Aujourd'hui tout comme à l'origine de la création du Paradis céleste, joseph Moè Messavussu Akué se découvre innocemment Dieu l'Homme éternel qui doit se le prouver...

Un poème à vers conjugués
Chicago, le 27 juin 2012

Une francophonie, fondatrice de la compréhension du péché originel

Le règlement des comptes entre l'humanité pervertie refusant à jamais d'admettre la poésie fonctionnelle véridique et Dieu le Tout-Puissant commence par la décision de Joseph Moè Messavussu Akué de n'accorder sa foi qu'en ses rêves et de tourner résolument le dos aux croyances humaines, et finalement reformer tout le savoir et le savoir-faire de Dieu en personne en tant que le contenu et les preuves de la Poésie fonctionnelle.

Le contenu et les preuves de la Poésie fonctionnelle s'entendant dès lors comme la suite ininterrompue et infinie des rêves prémonitoires de l'auteur de ladite poésie suivie de l'écriture des séries infinies des "fascicules d'enseignement" de ladite poésie, il va de soi que Joseph Moè Messavussu Akué s'affirme Dieu le Tout-Puissant devant l'humanité pécheresse!

Un poème à vers conjugués
Chicago, le 28 juin 2012

Une francophonie, fondatrice de la compréhension du concept de la perte de l'immortalité humaine

Le débat qui s'ouvre publiquement à la parution des "fascicules d'enseignement de la poésie fonctionnelle" commence par l'étonnement humain face à l'identité divine présumée du personnage Joseph Moè Messavussu Akué, et finit par le dénie de la "royauté céleste innée" de celui-ci.

L'identité divine présumée se révèle continuellement en tant qu'une vie humaine ordinaire se déroulant tout à fait normalement.

La royauté céleste innée de Joseph Moè Messavussu Akué se donne absolument par l'ensemble des actes existentiels de celui-ci...

Un poème à vers manquants
Chicago, le 28 juin 2012

Une francophonie, fondatrice de la compréhension du concept de la perte de l'immortalité humaine

Le débat qui s'ouvre publiquement à la parution des "fascicules d'enseignement de la poésie fonctionnelle" commence par l'étonnement humain face à l'identité divine présumée du personnage Joseph Moè Messavussu Akué, et finit par le dénie de la "royauté céleste innée" de celui-ci.

L'identité divine présumée se révèle continuellement en tant qu'une vie humaine ordinaire se déroulant tout à fait normalement.

La royauté céleste innée de Joseph Moè Messavussu Akué se donne absolument par l'ensemble des actes existentiels de celui-ci...

Un poème à vers manquants
Chicago, le 28 juin 2012

Une francophonie, fondatrice de la compréhension du concept de la restauration du Paradis terrestre

Ne pas croire au contenu des livres de poésie délivrés par Joseph Moè messavussu Akué, est purement insensé pour ledit auteur, et demeure un acte de mépris de la part d'un être humain quelconque.

Dès lors, l'ensemble de tous ceux et celles qui font semblant d'ignorer Joseph Moè Messavussu Akué et sa poésie constitue l'humanité auto-damnée en question.

L'écriture et la diffusion de l'ensemble des fascicules d'enseignement de la poésie fonctionnelle qui auraient pris vingt-six ans à l'écrivain-éditeur pour voir le jour, restera pour l'éternité le ferment de la foi moèiste ou le moyen par lequel n'importe quel être humain devra reconnaître la personne divine céleste existant au monde.

La foi authentique en Dieu reconnaissable aujourd'hui le vingt-un juillet deux mille douze, comme la foi moèiste exclusivement, donne en effet la restauration du Paradis terretre en tant que l'incarnation de la personne de Dieu le Tout-Puissant.

L'acquisition de tout ou partie de l'ensemble des fascicules d'enseignement de la poèsie fonctionnelle, est un acte de foi moèiste par excellence.

Un poème à vers conjugués
Chicago, le 21 juillet 2012

La francophonie et les moèistes

La poésie de langue française illustrant à la perfection l'ensemble des rêves prémonitoires de Joseph Moè Messavussu Akué depuis la nuit du sept au huit novembre mille neuf cent quatre-vingt-six, et qui révèle ledit auteur en tant que Dieu le Tout-Puissant - fait chair, est et demeurera la véritable Parabole céleste programmeuse du monde des mondes des cieux, de la vie éternelle et de leur créateur.

En conséquence, tous les textes sacrés que recèle l'humanité sont subordonnés à la Poésie fonctionnelle en tant que les étapes successives pour parvenir à rencontrer la personne et la pensée divines.

La vénération de la personne de l'auteur de la Poésie fonctionnelle résultant de la vérification humaine de l'authenticité de ladite pensée, est une grâce providentielle incombant audit penseur.

Le culte de joseph Moè Messavussu Akué est et restera en toute logique le seul porteur du salut hu main.

Un poème à vers conjugués
Chicago, le 21 juillet 2012

La francophonie et les enseignements moèistes

Puisqu'il s'agit pour l'auteur des fascicules d'enseignement de la Poésie fonctionnelle de se présenter à ses publics variés à l'extrême [et allant des étudiants en français dans n'importe quel établis-sement scolaire et universitaire, jusqu'aux passants dans les rues, en passant par les causeries- débats dans ses cercles d'amis fidèles], Joseph Moè Messavussu Akué n'entend que raconter son histoire personnelle devenue divine depuis la nuit du sept au huit novembre mille neuf cent quatre-vingt-six.

La langue française qui devient avec Joseph Moè Messavussu Akué, une poésie et un enseignement dramatiquement sacrés, aura gagné l'-estime de Dieu et le mépris de ceux et celles qui qui jurent par l'infériorité naturelle des Noirs-Afri-cains, une race humaine révélée celle de Dieu le Tout-Puissant.

Les enseignements et les directives morales libres moèistes proclament Joseph Moè Messavussu Akué Dieu le tout-Puissant - fait authentiquement chair, au grand désarroi de l'humanité toute entière.

Un poème à vers paraboliques
Chicago, le24 juillet 2012

La francophonie et le culte moèiste

Le pouvoir de joseph Moè Messavussu Akué donné essentiellement par la capacité innée de celui-ci de rêver à l'avance le film entier du déroulement de l'histoire totale, est compris par le commun des mortels comme une utopie à moins que l'auteur de la Poésie fonctionnelle accomplisse effectivement sur terre la technologie sublime génératrice du "monde des mondes des cieux".

Le culte qu'un être humain ordinaire peut éventuellement vouer à l'auteur de la Poésie fonctionnelle à l'heure où celui-ci écrit ce poème, se comprend dès lors comme la volonté humaine de venir à Joseph Moè Messavussu Akué pour son salut propre.

La volonté de l'être humain de venir au Père du moèisme pour sa propre rédemption aujourd'hui le vingt-quatre juillet deux mille douze, est un chimère puisque nul n'a jusqu'ici affiché ce sentiment sacré.

Ceci constitue sans doute la raison de l'abstinance de l'auteur de la Poésie fonctionnelle à faire

de la publicité pour ses recueils de poèmes, reser-
vant ce rôle à la Providence ou l'histoire.

Un poème à vers conjugués
Chicago, le 24 juillet 2012

La francophonie et la lutte des classes

Le travail de l'âme de Joseph Moè Messavussu Akué [qui aurait produit le rêve de la nuit du sept au huit novembre mille neuf cent quatre-vingt six, identifiant Dieu le tout-Puissant en tant que l'Inlelligence incommensurable remplissant toute l'étendue de l'Espace se faisant chair], doit être compris comme l'acte de la création divine à proprement parlé.

Joseph Moè Messavussu Akué qui se présente comme l'incarnation de "Toute la Lumière du Ciel - Dieu le Tout-Puissant", appartient au peuple déshérité.

Le peuple déshérité dont le bonheur dépend exclusivement des réformes sociales qui lui sont favorables dans ce monde capitaliste où nous vivons,attend bien sûr son salut des miracles futurs de Dieu le Tout-Puissant.

Un poème à vers conjugués
Chicage, le 24 juillet 2012

La francophonie pour une société équitable

Si Dieu le Tout-Puissant - fait chair est un homme incroyablement timide au point de ne pas oser se reconnaître ouvertement comme tel et devant son audience, celui-ci déclare sans embages qu'il est progressiste, et le tout-premier moèiste existant au monde.

L'appel à une société équitable où le peuple déshérité aura droit au bonheur qu'il mérite, est une action miraculeuse propre à Joseph Moè Messavussu Akué.

Le fait d'être né un Togolais n'est point un acte du hasard mais un trait du destin divin.

Un poème à vers paraboliques
Chicago, le 24 juillet

La francophonie:
Du capitalisme au lbéralisme

L'être humain se définit volontiers comme l'Ange du Ciel - fait chair.

Mais un Ange du Ciel - fait chair qui tourne le dos à Dieu le Tout-Puissant - fait chair, nie la véridicité de la Poésie fonctionnelle, et se complaît dans la haine de son prochain, devient automatiquement un ange déchu et un mortel

L'humanité qui s'auto-maudit en se proclamant anti-moèiste, est donc automatiquement mortelle.

L'humanité acceptant spontanément Joseph Moè Messavussu Akué comme son Messie, retrouve son essence et son immortalité.

Lorsque nous parlons du système de société de l'humanité déchue ou le capitalisme, nous gardons présent à l'esprit que ledit système économique et social est incontournable, mais doit impérativement être corrigé par des réformes sociales favorables au peuple déshérité.

Ledit capitalisme corrigé par les réformes sociales favorables au peuple déshérité que nous appelons le "libéralisme béni" demeurera hélas pour longtemps, le meilleur modèle économique qui soit.

Un poème à vers paraboliques
Chicago, le24 juillet 2012

La francophonie et la fin du travail avilissant

Nous définissons la totalité des tâches répétitives caractérisant l'ensemble des processus de production des biens et services économiques comme du travail robotique ou de la machine-outil.

La technologie divine garantit la conception, la création, la fabrication et la mise en état de parfait fonctionnement de l'ensemble des machines-outils nécessaires à la production éternelle des biens et services économiques utiles et agréables à l'humanité et pour la vie éternelle.

Puisque le travail de la machine-outil confié à l'être humain avilit celui-ci, et finit par le détruire.

Un poème à vers paraboliques
Chicago, le 24 juillet 2012

79

La francophonie et la construction de l'Habitat humain universel

En vérité, la crétion internationale du complexe scientifiqe, technologique, industriel et humain dénommé le "Village spatial de Lomé" doit voir le jour dans les vingt années à venir afin de prouver à l'humanité la vérité du moèisme.

L'infinitude des machines-outils éternelles nommée les "mondes merveilleux futurs" qui sera produite par le "Village spatial de Lomé", confirmera la prophétie de la nuit du sept au huit novembre mille neuf cent quatre-vingt-six.

Un poème à vers paraboliques
Chicago, le 24 juillet 2012

La francophonie et le messie Joseph Moè Messavussu Akué

Nous prions tous pour que la prophétie de la nuit du sept au huit novembre mille neuf cent quatre-vingt-six s'accomplisse, afin que le bonheur absolu humain promis par Dieu à l'humanité à l'origine des temps édenniques, se réalise.

Joseph Moè Messavussu Akué devenu innocemment celui que l'humanité doit croire Dieu le Tout-Puissant - fait chair, s'associe à tous ceux et celles qui croient en lui et au moèisme pour dire: Ainsi fut le rêve prophétique, ainsi est née la Pensée authentique divine...

Un poème à vers paraboliques
Chicago, le 24 juillet 2012

Du même auteur:

∎POÈMES POUR L'AFRIQUE ÉTER-
NELLE (Tomes 1, 2, 3, 4, et 5)

∎POÈMES BLEUS

∎VIVE LES ÉTATS UNIS
D'AMÉRIQUE!

∎LA LOI DU PROFIT NUL

∎L'EXPÉRIMENTATION DE LA LOI DU
PROFIT NUL

∎LES PERLES TOGOLAISES
ET D'AILLEURS (Tomes 1,2,3)

Achévé d' imprimé en août 2012 par
les ÉDITIONS BLEUES
mmessavussu@gmail.com
moemessavussu@hotmail.com

Dépot légal : Troisième trimestre 2012
Numéro d'Éditeur ; 2-913-771
IMPRIMÉ AUX ÉTATS UNIS D'AM ÉRIQUE

87

.

www.ingramcontent.com/pod-product-compliance
Lightning Source LLC
Chambersburg PA
CBHW041357090426
42739CB00001B/2